Flash Cards for
Portuguese
as a Foreign Language
Volume 1

Luis Gonçalves

**Flash Cards for Portuguese
as a Foreign Language Volume 1**

© Polana Press 2014
© Luis Gonçalves 2014

POLANA PRESS
Woodbridge, New Jersey

Luis Gonçalves
Lmcrg@hotmail.com
www.luisgoncalves.org

All rights reserved. No part of this book may be reproduced, stored in a retrieval system, or transmitted, in any form or by any means, electronic, mechanical, photocopying, recording or otherwise, without the written permission of the publisher or the author.

ISBN-13: 9781461143833
ISBN-10: 1461143837

Content

Apresentações
Cumprimentos e despedidas
Expressões de cortesia
A sala de aula
Os números de 0-99
As estações
Os dias da semana
Os meses
As horas
A escola e a universidade
Palavras interrogativas e atividades
Estar com / Ter
Passatempos e diversões
O restaurante e as refeições
A comida e cozinhar
Os números acima de 100
A família
A casa e as tarefas domésticas

Also recomended

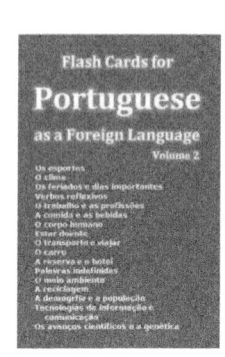

apresentações

Qual é o seu nome?

Chamo-me...

Como se chama?

O meu nome é...

introductions

What is your name?

What is your name?

My name is...

My name is...

apresentações

Muito prazer

Igualmente

O prazer é meu

Muito gosto

Nice to meet you.

Likewise.

introductions

The pleasure is all mine

My pleasure

Como vai?

Tudo bem?

cumprimentos

Oi

Como está?

How is it going?

Hi

greetings

How are you?

How are you doing?

cumprimentos

Bom dia

Boa tarde

Boa noite

Olá

greetings

- Good morning
- Good afternoon
- Good evening
- Hello

cumprimentos

mais ou menos

assim, assim

tudo bem

e você? (br)
e tu? (pt)

more or less

greetings

and you?

everything well

so, so

despedidas

Tchau

até logo

até logo

até amanhã

ciao

see you later

good-bye

see you tomorrow

see you later

expressões de cortesia

por favor

com licença

obrigado
obrigada

de nada

expressions of courtesy

- please
- thank you
- excuse me
- you are welcome

expressões de cortesia

desculpe

lamento (muito)

tenha um bom dia

sinto muito

expressions of courtesy

I'm sorry

I'm (very) sorry

I'm so sorry

have a nice day

o curso

a formatura

o aluno
a aluna

a professora
o professor

a sala de aula

o horário

the class

the classroom

the teacher
the professor

the student

graduation day

the schedule

a mochila

a carteira

os estudantes

a cadeira

a mesa

the backpack

the student desk

the students

the chair

the table

o caderno

o livro

a mochila

a caneta

o lápis

the notebook

the book

the backpack

the pen

the pencil

o giz

a secretária

a aula

o quadro

o apagador

the classroom

- the chalk
- the desk
- the board
- the eraser

o projetor
o datashow

aprender

o vídeo

o computador

ensinar

a televisão

the projector

to learn

the video

the computer

to teach

the television

estudar

- o exame
- as notas
- a nota
- os cursos

the exam

the notes

to study

the grade

the classes

Cinco + Dezenove

Vinte e quatro

Dezesseis + Vinte e quatro

Quarenta

Dezessete + Trinta e cinco

cinquenta e dois

Onze + Quarenta e três

Cinquenta e quatro

Catorze + Cinquenta e oito

Setenta e dois

Treze + Sessenta e dois

Setenta e cinco

Doze + Setenta e seis

Oitenta e oito

Quinze + Oitenta e um

# Noventa e seis

Dois + Noventa e sete

Noventa e nove

Sete + Dezoito

Vinte e cinco

Seis + Cinco

Onze

Trinta e dois + Quarenta e sete

Setenta e nove

Setenta e um + Catorze

Oitenta e cinco

as estações

- o verão
- o inverno
- o outono
- a primavera

the seasons

- spring
- summer
- fall
- winter

Os dias da semana

- domingo
- segunda-feira
- terça-feira
- quarta-feira
- quinta-feira
- sexta-feira
- sábado

Sunday
Monday
Tuesday
Wednesday
Thursday
Friday
Saturday

The days of the week

abril

termina em

junho

a primavera

começa em

março

maio

april

ends in June

spring

starts in March

May

o verão

começa em junho

julho

agosto

termina em setembro

summer

starts in June

July

August

ends in September

o outono

começa em setembro

outubro

novembro

termina em dezembro

fall

- starts in September
- October
- November
- ends in December

janeiro

termina em

março

o inverno

começa em

dezembro

fevereiro

January

ends in March

winter

starts in December

February

os meses

janeiro	julho
fevereiro	agosto
março	setembro
abril	outubro
maio	novembro
junho	dezembro

the
months

January
February
March
April
May
June

July
August
September
October
November
December

as horas

os segundos

os minutos

É uma hora.
São cinco horas.

Que horas são?

the time

the minutes

the seconds

What time is it?

It's one o'clock.
It's five o'clock.

09:45 ☀

(8:20

Que horas são?

00:30 (

2:15 ☀

What time is it?

nove e quarenta e cinco da manhã

oito e vinte da noite

meia noite e meia

duas e um quarto da tarde

A que horas é?

11:10 ☾

9:40 ☾

☀ 8:25

☀ 7:05

onze e dez
da noite

nove e quarenta
da noite

At what time?

oito e vinte cinco
da manhã

sete e cinco
da manhã

É uma da tarde.

1:15 ☀ 12:50 ☀

7:55 ☾ 4:17 ☾

meio dia e cinquenta

uma e um quarto da tarde

It's one in the afternoon.

quatro e dezessete da madrugada

sete e cinquenta e cinco da noite

a música

a matemática

a escola

a geografia

a história

the school

- music
- mathematics
- history
- geography

a disciplinas

inglês

antropologia

psicologia

línguas

the courses

- English
- anthropology
- languages
- psychology

o restaurante
a cantina
a cafeteria

a livraria

a universidade

a biblioteca

a ginásio

the restaurant
the cafeteria

the bookstore

the university

the library

the gym

...de engenharia

...de direito

a faculdade...

...de farmácia

...de medicina

Engineering school

Law school

school...

Pharmacy school

Medical school

...de letras

...de arquitetura

a faculdade...

...de veterinária

...de ciências

Arts school

Veterinary school

school...

Architecture school

Sciences school

o laboratório

- a física
- a informática
- a biologia
- a química

Chemistry

Physics

the laboratory

Biology

Computer Sciences

cozinhar

comer

almoçar

jantar

beber

temperar

to cook

to eat

to have lunch **to have dinner**

to drink

to season

o ritmo

dançar

a banda

a música (clássica)

escutar

tocar um instrumento

- **to listen**
  - (classical) music
  - the rhythm
- **to dance**
  - the band
- to play an instrument

tirar boas notas

passar

estudar

trabalhar

ler

aprender

to get good grades

to study

to pass

to work

to read

to learn

Onde?

Quando?

a pergunta   a questão

O quê?

Como?

Where?

When?

the question

How?

What?

Quem?

Qual?
Quais?

a pesquisa **o artigo**

Quantos?
Quantas?

Quanto?
Quanta?

Who?

the article

How many?

the research

Which?

How much?

conversar

discursar

falar

discutir

dizer

to speak, to talk

- to have a conversation
- to give a speech
- to discuss
- to say
- to tell

escrever

- a palavra
- o parágrafo
- a composição
- o texto

the paragraph

the text

to write

the word

the composition

sede

frio

ter...

estar com...

fome

calor

thirsty

cold

to be...

hungry

hot

medo

pressa

ter...

estar com...

sono

sorte

scared

in a hurry

to be...

sleepy

lucky

o mar

o sol

a praia

a areia

a água

the sea

the sun

the beach

the sand

the water

ir ao cinema

- o bilhete
- a bilheteira
- o filme
- assistir
- ver

the ticket

to watch

to see

to go to the movies

the box office

the film

o cardápio

ir ao restaurante

a conta

a reserva

a porção

the menu

the bill

to go to the restaurant

the reservation

the portion

o restaurante

o cozinheiro

o prato

o garçom (br)
o empregado (pt)

a gorjeta

the restaurant

- the cook
- the plate
- the dish
- the server
- the tip

o garfo

o guardanapo

o copo

a colher

a faca

the fork

the napkin

the glass

the spoon

the knife

ir a uma festa

- a batucada
- comemorar
- a comida
- o convite

drumming

to celebrate

to go to a party

the invitation

the food

a refeição

- o café da manhã (br)
- o pequeno-almoço (pt)
- o almoço
- a merenda
- o jantar

the meal

- breakfast
- lunch
- dinner
- snack

o leite

o café

as bebidas

a água

o suco

the drinks

- the milk
- the coffee
- the water
- the juice

o cereal

as panquecas

o café da manhã

a torrada

os ovos

the cereal

the pancakes

breakfast

the eggs

the toast

o cardápio

o prato do dia

a bebida

a entrada

a sobremesa

the special
of the day

the drink

the menu

the appetizer

the dessert

a comida

- o peixe
- a fruta
- a carne
- os vegetais

the fish

the fruit

the food

the meat

the vegetables

o porco

o peru

a carne

o bife

o frango

the pork

the turkey

the meat

the beef

the chicken

o salmão

o bacalhau

o peixe

o atum

a sardinha

the salmon

the codfish

the fish

the tuna

the sardine

a laranja

a pêra

a fruta

a maçã

o morango

the orange

the pear

the fruit

the apple

the strawberry

o camarão

o caranguejo

o marisco

a lula

a lagosta

the shrimp

the crab

the seafood

the squid

the lobster

as verduras

- a cebola
- o espinafre
- os espargos
- a alface

the onion

the spinach

vegetables, greens

the lettuce

the asparagus

os legumes

o tomate

a cenoura

o pimento

o feijão (verde)

vegetable, legume

- the tomato
- the carrot
- the pepper
- The (green) bean

o arroz

a salada

o acompanhamento

a batata

a massa

the rice

the salad

the side dish

the potato

the pasta

a bolacha

o bolo

a sobremesa

o sorvete

o doce

the cake

the ice cream

the dessert

the cookie

the sweet

assar

grelhar

cozinhar

fritar

saltear

- to bake
- to roast
- to grill
- to barbeque

to cook

- to fry
- to sauté

Cento e dezoito

+

Oitocentos e dois

Novecentos e vinte

Novecentos e vinte e três

+

Duzentos e dezenove

Mil cento e quarenta e dois

Trezentos e dez

+

Mil e trinta e quatro

Mil trezentos e quarenta e quatro

Quatrocentos e onze

+

Cento e quarenta e seis

Quinhentos e cinquenta e sete

Quinhentos e doze

+

Duzentos e cinquenta e sete

Setecentos e sessenta e nove

Trezentos e sessenta e oito

+

Seiscentos e treze

Novecentos e oitenta e um

Quatrocentos e setenta e cinco

+

Setecentos e catorze

Mil cento e oitenta e nove

Quinhentos e oitenta e nove

+

Oitocentos e quinze

Mil quatrocentos e quatro

Novecentos e dezesseis

+

Seiscentos e noventa

Mil seiscentos e seis

Mil e dezessete

+

Setecentos e um

Mil setessentos e dezoito

Dois mil + Cento e quarenta

Dois mil centos e quarenta

Duzentos e dois + Cento e sete

Trezentos e nove

Cento e trinta e um

+

Quatrocentos e onze

Quinhentos e quarenta e dois

o irmão

o filho

o pai

a mãe

a irmã

a filha

the brother

the mother the father

the sister

the son

the daughter

o primo

o sobrinho

o tio

a tia

a prima

a sobrinha

the cousin (m)

the uncle

the nephew

the cousin (f)

the aunt

the niece

o sogro

o esposo
o marido

o irmão

a sogra

a esposa
a mulher

a irmã

the father-in-law

the husband

the brother

the mother-in-law

the wife

the sister

o bisavô

o avô

o neto

a avó

a bisavó

a neta

the great-grandfather

the great-grandmother

the grandfather

the grandmother

the grandson

the granddaughter

a família

o batizado
batizar

o divórcio
divorciar

o casamento
casar

materno
paterno

the family

the baptism
to baptize

the divorce
to divorce

the wedding
to marry

maternal
paternal

o quarto

o apartamento

o banheiro (br)
a casa de banho (pt)

a casa

a sala de estar
a sala de jantar

a cozinha

the bedroom

the apartment

the bathroom

the house

the kitchen

the living room
the dining room

a cozinha

o forno e o fogão

o microondas

a geladeira (br)
o frigorífico (pt)

a pia (br)
o lava-louça (pt)

the kitchen

- the oven and the stove
- the fridge
- the microwave
- the sink

o quarto

- o abajur (br)
- o candeeiro (pt)
- o ar-condicionado
- o aquecimento
- a cômoda
- o espelho
- o alarme

the bedroom

the lamp

the air-conditioning
the heating

the dresser
the mirror

the alarm

a cama

os lençóis

o travesseiro (br)
a almofada (pt)

o cobertor

a cama individual
a cama de casal

the bed

- the pillow
- the blanket
- the sheets
- the single bed
- the double bed

a sala de estar

- o sofá
- a televisão
- a mesinha
- a mesa do café
- a poltrona

the couch

the television

the living room

the coffee table

the armchair

a cadeira

o tapete

a sala de jantar

a mesa

as cortinas

the chair

the rug

the dining room

the table

the curtains

o banheiro

- a pia (br)
- o lavatório (pt)
- o vaso sanitário (br)
- a sanita (pt)
- o chuveiro
- a banheira

the toilet

the shower

the bathroom

the sink

the bathtub

o elevador

o edifício

a escada

o prédio

a janela

a porta

the elevator

the stairs

the building

the window

the door

o quadro

o armário

a decoração

os móveis

a luz

the painting

the closet

the decoration

the light

the furniture

os eletrodomésticos

a máquina de lavar e a máquina de secar roupa

a máquina de lavar louça

o ferro e a tábua de passar

o aspirador

the appliances

the dishwasher

the vacuum cleaner

the washer and the dryer

the iron and the iron board

as tarefas domésticas

varrer ou passar o aspirador

lavar, secar e passar a roupa

lavar e secar a louça

limpar e jogar fora o lixo

the house shores

to wash and dry
the dishes

to sweep up or
to vacuum

to clean and to
throw away the
garbage

to wash, to dry and
to iron the clothes

o jardim

o terraço

a varanda

a garagem

a chaminé

the garden

the backyard

the balcony

the garage

the chimney

Printed in Great Britain
by Amazon